W0194123

Ich lese
selber

Eva Angerer

Viel Glück, kleiner Kater!

Ein Katzen-Abenteuer

Bilder von
Christa Unzner

Nord-Süd Verlag

Rechtschreibung nach den neuen Regeln

Lektorat Jürgen Lassig

© 2001 Nord-Süd Verlag AG, Gossau Zürich und Hamburg
Alle Rechte, auch die der Bearbeitung oder auszugsweisen Vervielfältigung,
gleich durch welche Medien, vorbehalten.
Umschlagillustrationen: Christa Unzner
Lithographie: Die Repro, Tamm
Gesetzt in der Stempel Garamond, 16 Punkt
Druck: Proost N.V., Turnhout
ISBN 3 314 00903 8

Besuchen Sie uns im Internet: www.nord-sued.com

Die Deutsche Bibliothek – CIP-Einheitsaufnahme

Viel Glück, kleiner Kater! / von Eva Angerer. Mit
Bildern von Christa Unzner. - Gossau, Zürich ;
Hamburg : Nord-Süd-Verl., 2001
(Ich lese selber)
ISBN 3-314-00903-8

Inhalt

Ein kleiner getigerter Kater   8

Der Junge auf der Baustelle   13

Ein Haus wird gebaut   20

Das Unwetter   24

Die Katzentür   30

Das Richtfest   37

Der Held des Tages   40

Das Haus ist fertig   47

Das weiße Kätzchen   52

Viel Glück, kleiner Kater!   56

Ein kleiner getigerter Kater

Der kleine Kater war unter dem
Scheunendach geboren worden.
Dort war es trocken und
roch wunderbar nach Heu.
Seine Mutter wärmte ihn und
seine zwei Geschwister
mit ihrem weichen Fell.

Sie gab ihnen Milch.
Sie wusch sie.
Sie trug sie im Maul.
Sie sah ihnen bei ihren ersten
wackeligen Gehversuchen zu.
Und eines Tages brachte sie ihnen
die erste Maus!
Zum Spielen…
Zum Fangenlernen…
Zum Fressen…
Es war so schön.
So hätte es bleiben müssen.

Eines Sonntags aber kam eine Familie
aus der Stadt. Sie wollten den
kleinen Kater haben.
Ausgerechnet ihn!
Weil er so schön getigert war.
Weil er goldgelbe Augen hatte.
Der Bauer schenkte ihn der Familie.

Nun lebte der kleine Kater
in der Stadt.
Dort gab es kein Heu.
Und es roch auch nicht so gut
wie auf dem Bauernhof.
Aber der kleine Kater bekam
immer genug zu fressen.
Dann wollte die Familie eines Tages
in die Ferien fahren.

Sie konnten den kleinen Kater
nicht mitnehmen.
Und sie wollten kein Geld
für das Tierheim ausgeben.

Sie setzten den kleinen Kater aus.
Sie ließen ihn am Straßenrand zurück
und fuhren davon.

Der Junge auf der Baustelle

Der kleine getigerte Kater mit den goldgelben Augen war schon lange unterwegs. Hungrig und müde schlich er über eine große Wiese, auf der viele Frühlingsblumen wuchsen.

Sein Fell war stumpf. Er war mager
geworden. Es ging ihm nicht gut.
Am Ende der Wiese war ein Schild
in den Boden gerammt.

BETRETEN DER BAUSTELLE
VERBOTEN

stand in großen Buchstaben darauf.
Der Kater bemerkte die Bauarbeiter.

Die Männer saßen auf einer langen
Bank in der Frühlingssonne.
Sie hatten Mittagspause.
Der Kater lief auf sie zu.
„Miez! Miez!", rief ein Junge
mit roten Haaren und Sommersprossen,
als er den Kater entdeckte.
Er lag auf dem Bauch und sah aus
wie ein Kind.
Der Junge war fünfzehn Jahre alt,
und seit ein paar Wochen arbeitete er
als Maurerlehrling.

„Miez! Miez!", rief der Junge wieder.
„Das ist keine Mieze, Boris", sagte
der Vorarbeiter Franz. „Das ist
ein Kater!"

16

Er fasste das Tier und hob es hoch.
Die Männer lachten. Und der Kater
ließ es sich gefallen, weil er hungrig
und erschöpft war.

Boris hielt dem kleinen Getigerten
eine Scheibe Wurst vor die Nase.
„Friss, Kleiner", sagte er.
Der Kater ließ es sich nicht zweimal
sagen. Jeden Brocken, den die Arbeiter
ihm hinwarfen, nahm er schnurrend an.
„Kannst du deinen Kaffee heute
mal ohne Milch trinken, Franz?",
fragte Boris den Vorarbeiter.
„Hol dir die Milch aus der Bauhütte",
sagte Franz. Auch ihm gefiel der Kater.
Der Kater schlabberte die Milch.
Endlich war er satt.
Lang ausgestreckt schlief er dann
in der Sonne.

Ein Haus wird gebaut

Der kleine getigerte Kater wohnte nun
auf der Baustelle.
Lastwagen brachten Ziegel.
Die Zementmischmaschine lief.
Sand, Wasser, Kalk und Zement wurden
gemischt. Die Maurer brachten
den Mörtel in Eimern und Schubkarren
zum Haus.
Noch war nicht viel vom Haus zu
sehen. Nur der Keller war fertig.

Die Maurer stellten die Hauptmauern
auf die Kellerdecke. Sie trugen mit
der Maurerkelle den Mörtel auf
und setzten Stein auf Stein.
Die Mauern wurden höher.
Das Haus wuchs.

Boris war immer an Franz' Seite.
Der Vorarbeiter zeigte dem Lehrling,
wie alles gemacht wird.
Schon nach drei Wochen begannen
die Arbeiter mit dem Aufbau
des Dachgeschosses.
Jeden Morgen um sieben Uhr kamen
die Maurer mit dem Firmenbus
zur Baustelle.
Jeden Morgen erwartete der kleine
getigerte Kater seine Freunde.
Keiner wusste, wo er schlief.

Nur Boris wusste es, denn er schubste
seinen vierbeinigen Freund jeden Abend
unbemerkt in die Bauhütte.
Wenn die Maurer um neun Frühstück
machten, saß der Kater bei ihnen.
Dann bekam auch er sein Frühstück.

Das Unwetter

Eines Tages tobte ein Unwetter.
Die Arbeiter saßen in der Bauhütte.
Der Kater war nicht gekommen.
Boris suchte ihn.
Es machte ihm nichts aus, dass es
regnete, blitzte und donnerte.
„Kaaaater! Kaaaaaaater!", rief Boris
immer wieder.

Dann entdeckte er ihn.
Der Kater schrie.
Er war in den Keller gefallen.
Es gab noch keine Kellertreppe.
Mit einer langen Leiter holten sie ihn
aus seinem Gefängnis.
Boris trocknete ihn ab.

Nach Arbeitsschluss um fünf Uhr
fuhr Boris nicht wie sonst
mit seinen Kollegen nach Hause.
Er hatte noch zu tun.
Er suchte einen großen Karton,
bohrte Löcher in den Deckel
und setzte dann den kleinen Kater
in den Karton.
Boris verschloss den Karton gut
mit dem Deckel.
Der Kater miaute.

„Heute nehme ich dich mit nach
Hause", sagte Boris. „Hier im Regen
wirst du noch krank."
Dann schleppte er seinen brüllenden
Freund zur Busstation.
Der Kater jaulte während der ganzen
Heimfahrt.

Und er jaulte auch noch abends zu
Hause. Er wollte weg! Nur weg!
Was er zu fressen bekam, verschlang er
schnell, um dann wieder zu jammern.
„Du musst den Kater morgen wieder
mitnehmen, Boris", sagte seine Mutter.
„Unsere Wohnung ist viel zu klein."
„Okay, Mama", sagte Boris.
Schade, dachte er. Aber seine Mutter
hatte Recht!

Der Kater schlief die ganze Nacht
bei Boris im Bett.

Die Katzentür

Am nächsten Morgen war Boris lange
vor den anderen auf der Baustelle.
Er hatte eine Überraschung für den
kleinen Kater.
Er nahm ihn aus dem Karton
mit den Luftlöchern.
Er trug ihn hinter das Haus
und zeigte ihm die Katzentür.
„Schau, Kater", sagte Boris, „hier ist
eine kleine Tür. So eine Tür nennt man
‚Katzentür'. Wenn du diese Platte
nach innen drückst, geht sie auf.
Und du kannst hineinkriechen."

Der Kater sah Boris an.
Er verstand kein Wort.
Boris lag vor ihm auf dem Boden.
Er gab ihm ein Stück Wurst.
Das verstand der Kater.
Er wollte mehr. Boris drückte die kleine
Tür nach innen.
Er legte ein Stück Wurst hinter
die Tür ins Haus.

Er schob den Kater hinein.
Der Kater fraß.
Boris lockte ihn mit vielen kleinen
Wurststücken aus dem Haus.
Ins Haus zurück.
Und wieder aus dem Haus heraus.
„Wenn du Glück hast, Kleiner, gehört
dieses schöne Haus eines Tages dir",
sagte Boris.

Boris kraulte den Kater zwischen
den Ohren. Der schnurrte.
Als die Kollegen um sieben Uhr
ankamen, rannte Boris zu Franz.

„Ich glaube, der Kater hat begriffen,
was eine Katzentür ist!", rief Boris.
„Wir üben schon seit sechs Uhr!"
„Hör mal zu, Boris! Wir bauen
dieses Haus für einen Tierarzt!
Nicht für dich und deinen Kater!",
sagte der Vorarbeiter scharf.

Das Richtfest

Im Mai war der Rohbau fertig.
Eines Tages setzte der Zimmermann
einen kleinen, geschmückten Baum,
den Richtkranz, auf den Dachstuhl.
Sie feierten das Richtfest.
Der zukünftige Hausherr dankte
den Arbeitern für die gute Arbeit.
Es gab belegte Brote und Getränke.

Die Arbeiter riefen: „Ein Hoch dem
Bauherrn!"
Da war plötzlich der getigerte Kater
auf dem Dach!
Er sprang unter dem geschmückten
Bäumchen hin und her und spielte
mit den bunten Bändern, die im
Wind flatterten.
„Was ist das für eine Katze?",
fragte der Bauherr.
„Ach, das ist nur... der Kater",
sagte Boris und wurde rot.
„Der kommt manchmal vorbei...
Wir füttern ihn. Er ist ein sehr armer
Kater... Er..."
Der Junge kam ins Stottern.
„Ist schon gut, Boris", sagte Franz leise.
Boris schwieg.
Der Bauherr lachte.
„Ich mag Katzen!"

Der Held des Tages

Der Kater lag jetzt oft im hohen,
kühlen Gras. Glockenblumen,
Margeriten, Butterblumen, Salbei
und Schafgarben blühten.
Es war Sommer.
Die Dachdecker kamen.
Dann wurden Fenster und
Türen eingesetzt.

Die Maurer verputzten die Innenwände.
Der Kater „markierte", er pinkelte
gegen eine neue Wand.
Diese Wand gehört mir!, hieß das.
„RAAUUUSSS!", schrie der Tischler,
als er das sah. Der Kater raste davon.

Die Maler kamen.
Sie mochten den Kater.
Die Bodenleger jagten ihn aber weg.
Als Wasser, Strom und Telefon
angeschlossen wurden, war
der Kater dabei.

Er strich durch das ganze Haus.
Durch alle Zimmer, Klos, durch die
Küche und das Bad.
Als er in die Badewanne springen
wollte, geschah etwas Furchtbares!
Wasser schoss aus der Wand!
Ein Wasserrohr war undicht.
Der kleine Kater wurde klitschnass!
Er flüchtete zu seinem Karton.

Boris und die Männer saßen gerade
beim Mittagessen, als der Kater mit
zurückgelegten Ohren an ihnen
vorbeischoss.
„Was ist passiert?"
„Wieso ist der Kater so nass?"
Die Männer rannten ins Haus.
In die Küche. Ins Bad.
Da sahen sie die Bescherung.
Doch der Schaden war schnell
behoben.

„Kater, lieber, guter Kater",
sagte der Bauherr, als die große
Aufregung vorbei war.
Der Bauherr war wie sehr oft
in letzter Zeit gekommen, um
zu sehen, wie die Arbeit voranging.
Er streichelte den kleinen Kater.
Der duckte sich nass in seinem
Karton.

„Ich habe gehört, dass du den
Rohrbruch als Erster bemerkt hast",
sagte der Bauherr. „Da hätte noch
viel mehr passieren können!"
Der Kater war der Held des Tages.

Das Haus ist fertig

Die Maurer errichteten ein Gerüst.
Sie verputzten die Außenwände.
Die Maler strichen das Haus hellblau.
Gärtner stellten den Gartenzaun auf.
Sie schütteten Erde auf und pflanzten
Bäume, Sträucher und Blumen.

Im Herbst war das Haus fertig.
Es war so weit.
Die Arbeiter warteten auf den
Abtransport der Bauhütte.
Da kam Boris gelaufen.
„Er ist ein Hundekater!", rief er.
„Schaut, was er kann!"
Er zerknüllte ein kleines Stück Papier
und warf es weit weg.
Der Kater rannte hinter dem
Papierknäuel her.

Er nahm ihn ins Maul, brachte ihn
und legte ihn vor Boris hin.
Wieder und wieder warf Boris
den Papierball. Und immer wieder
brachte der Kater ihn zurück.

Und jedes Mal wurde er gestreichelt
und gelobt.
Alle staunten.
Einen Kater, der Ball spielen kann,
hatte noch keiner gesehen.

Boris kraulte seinen Freund.
Er war traurig.
„Alles Gute, Kleiner", sagte er.
„Ich muss gehen. Wir sind hier fertig.
Ich werde dich besuchen.
Der Mann, dem das Haus gehört,
ist Tierarzt, weißt du. Er mag Katzen.
Bestimmt kannst du bei ihm wohnen."
„Boris!", rief Franz. „Komm endlich!"
Boris lief. Sie stiegen ein.
Der Firmenbus fuhr ab.
„Viel Glück, kleiner Kater!",
rief Boris.

Das weiße Kätzchen

Am nächsten Tag kamen die
Möbelwagen. Der Tierarzt, seine Frau
und Anna, seine Tochter, zogen ein.
Annas Mutter trug einen großen Korb.
Sie waren sprachlos, als sie vor
der Haustür den getigerten Kater
sitzen sahen.
Seine goldenen Augen glänzten
im Sonnenlicht.
„Wo kommt denn die Katze her?",
fragte Anna.
„Ach, das ist nur der Kater",
sagte der Vater und lachte.
„Der gehört zum Haus."
Dann erzählte er den beiden,
was er vom Kater wusste.

Der Kater schnupperte am Korb.
Er lief hinter ihnen ins Haus.
Er rannte vor ihnen die Treppen hinauf.
Er kannte sich aus.
Sie verjagten ihn nicht!
Sie öffneten den Korb.

Ein weißes Kätzchen kletterte heraus.
Es fauchte und machte einen Buckel.
„Werdet ihr euch vertragen?",
fragte Annas Mutter.
„Bestimmt!", rief Anna.
Sie setzte sich zu den Katzen
auf den Boden.
Der Kater schnupperte neugierig
an der kleinen Katze.

Viel Glück, kleiner Kater!

Boris saß am Rand der großen Wiese,
auf der jetzt die Herbstzeitlosen
blühten. Er saß schon lange dort.
Er hatte den Möbelpackern zugesehen.
Er hatte die Familie ins Haus gehen
sehen. Und er hatte beobachtet,
wie der Kater hinter ihnen
ins Haus lief.
Dann hatte er lange gewartet.

Sie haben ihn nicht wieder vor die Tür
gesetzt!, überlegte er. Es wird ihm
gut gehen.
„Viel Glück, kleiner Kater!", rief er.
Beruhigt machte sich Boris auf
den Heimweg.
Während er zur Bushaltestelle
schlenderte, stellte er sich vor,
wie er eines Tages ein eigenes Haus
bauen würde. Mit viel Platz für seine
Familie und – für einen getigerten Kater
mit goldenen Augen…

Über die Autorin

Eva Angerer wurde in Wien geboren. Sie arbeitete viele Jahre lang als Journalistin für eine große österreichische Tageszeitung und für ein Frauenmagazin – ihre Themenschwerpunkte: Mode, Frauenfragen und Kinderthemen. Eva Angerer lebt am Stadtrand von Wien. Sie hat zwei erwachsene Kinder und sie hat eine Katze. Diese spannende Geschichte vom kleinen getigerten Kater ist ihr erstes Buch im Nord-Süd Verlag.

Über die Illustratorin

Christa Unzner wurde 1958 in Schön-
eiche bei Berlin geboren. Sie wollte
eigentlich Balletttänzerin werden, hat
aber zunächst eine Lehre als Schau-
fensterdekorateurin gemacht und dann
Gebrauchsgrafik studiert.
Seit 1982 arbeitet Christa Unzner frei-
schaffend und illustriert vorwiegend
Kinder- und Bilderbücher. Sie liebt
Märchen und „Alice im Wunderland",
lebt in Berlin und reist gern in
den Süden.
Welche Bücher es sonst noch von
Christa Unzner im Nord-Süd Verlag
gibt, siehst du auf den nächsten Seiten.

Ich lese selber

In dieser Reihe sind die folgenden Bücher lieferbar:

1. Lesestufe:

Hans de Beer
**Der kleine Eisbär und der
Angsthase**

Burny Bos/Hans de Beer
**Familie Maulwurf – Bitte recht
freundlich!**

Burny Bos/Hans de Beer,
Familie Maulwurf – Alles im Griff!

Burny Bos/Hans de Beer
**Familie Maulwurf – Verflixt und
zugenagelt!**

Burny Bos/Hans de Beer
Familie Maulwurf – Dicke Luft!

W. Hänel/J.-P. Corderoc'h
Eine Falle für Familie Bär

Wolfram Hänel/Kirsten Höcker
Mia, die Strandkatze

Wolfram Hänel/Kirsten Höcker
Willi, der Strandhund

H. Krekeler/M. Rieper-Bastian
Die Leute von Muzgigl

Astrid Krömer
Mara und ihr Kusskerus

Jürg Obrist
**Max und Molli – Großvater und der
Honigdieb**

F. Reichenstetter/C. Panowsky
Ein verhexter Schulanfang

Katja Reider/Angela von Roehl
**Pinguin Pudelmütze macht alles
anders**

Katja Reider/Angela von Roehl
Nicks kleine Nixe

U. Scheffler/R. Scholte van Mast
Pass auf, Lea Löwenkind!

Gerda Marie Scheidl/Gisela Dürr
Florian, was machst du da?

Antonie Schneider/Uli Waas
Der Geburtstags-Bär

Antonie Schneider/Uli Waas
Eine Taube für Bollibar

Antonie Schneider/Ulrike Mühlhoff
Ritter Brumm

2. Lesestufe:

W. Gruber/M. Rieper-Bastian
Der Kopfstandleser

Wolfram Hänel/Christa Unzner
Anna Nass – Die Neue kommt!

Wolfram Hänel/Christa Unzner
Anna Nass küsst Alexander!

Wolfram Hänel/Monika Broeske
Die Räuber vom Geistermoor

Wolfram Hänel/Ann de Bode
Lisa hat einen Unfall

C. Kliphuis/C. Dematons
Eine kleine Beule mit Folgen

Ich lese selber

In dieser Reihe sind die folgenden Bücher lieferbar:

Silvio Neuendorf
Noah Nashorn ist doch kein Monster

Ursel Scheffler/Iskender Gider
Der schlaue Fuchs Rinaldo

Ursel Scheffler/Iskender Gider
Rinaldo plant neue Tricks

Ursel Scheffler/Iskender Gider
Der schlaue Fuchs Rinaldo als Pizza-König

U. Scheffler/R. Scholte van Mast
Opas Computer-Geheimnis

Uli Waas
Molly ist weg

Gerda Wagener/Uli Waas
Fetzer jagt die Maus

Gerda Wagener/Uli Waas
In Tinas Klasse spukt's!

Bettina Wegenast/Eva Muszynski
Krähe, Mo und Nachbars Kater

Ingrid Uebe/Alex de Wolf
Melinda und der Zauber der Meerhexe

3. Lesestufe:

M. Busser & R. Schröder/H. de Beer
Papa Wapper und das rote Wohnmobil

M. Busser & R. Schröder/H. de Beer
König Bobbel

A. Greve/J.-P. Corderoc'h
Ein Leuchtturm geht auf Reisen

Wolfram Hänel/Ulrike Heyne
Schiffshund in Not!

Wolfram Hänel/Christa Unzner
Waldemar und die weite Welt

Wolfram Hänel/Christa Unzner
Romeo liebt Julia

Wolfram Hänel/Alan Marks
Angst um Abby

Wolfram Hänel/Alex de Wolf
Lila und der regenbogenbunte Dinosaurier

Krista Ruepp/Ulrike Heyne
Mitternachtsreiter

Krista Ruepp/Ulrike Heyne
Nebelpferde

Ursel Scheffler/Christa Unzner
Der Spion unterm Dach

Ursel Scheffler/Christa Unzner
Der Mann mit dem schwarzen Handschuh

Gerda Marie Scheidl/Christa Unzner
Loretta und die kleine Fee

Ulli Schubert/Wolfgang Slawski
Hannes geht zum Mädchen-Geburtstag!

Kinder lernen Lesen:
durch Selberlesen!

In der Reihe **Ich lese selber** erscheinen im
Nord-Süd Verlag Bücher für Kinder, die mit dem
Selberlesen anfangen.

Diese Bücher sollen Freude bereiten und den
Spaß und die Lust am Lesen fördern.
Sie wollen neugierig machen, Anreiz bieten und
die vielfältigen, unterschiedlichen Interessen
der Kinder berücksichtigen.

Diese Reihe schlägt eine Brücke vom
Bilderbuch zum Kinderbuch:

• Der im Verhältnis zum Text sehr hohe Anteil
an **farbigen Illustrationen** erleichtert
Leseanfängern den Einstieg in die Geschichten.

• Durch **Gestaltung, Format** und nicht zuletzt
durch die Wahl der **Themen** führt die Reihe
zum Kinderbuch hin.

• **Lesehilfen** sind dabei:
einfache Sprache und Wortwahl, Einteilung
jeder Geschichte in Kapitel oder andere für
Leseneulinge leicht überschaubare **Text-
gliederungen**, große **Schrift**, sinnvoller **Zeilen-
und Seitenumbruch** und eine den Einstieg ins
Lesen erleichternde **Text-Bild-Anordnung**.

Nord-Süd Verlag